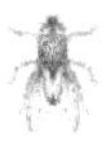

I0776384

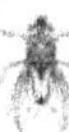

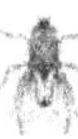

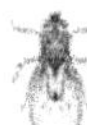

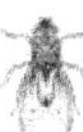

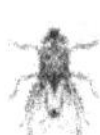

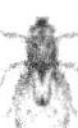

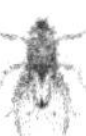

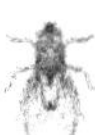

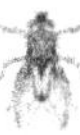

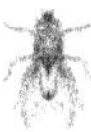

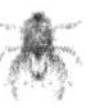

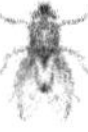

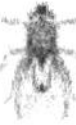

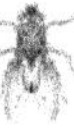

33

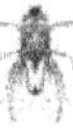

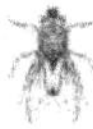

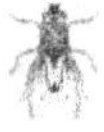

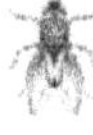

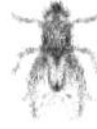

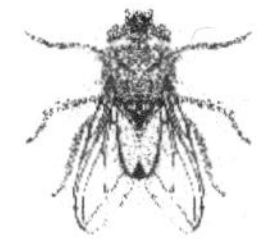